Frank Richter

Elbsandsteingebirge
Sächsische Schweiz

Frank Richter

Elbsandsteingebirge
Sächsische Schweiz

rosenheimer

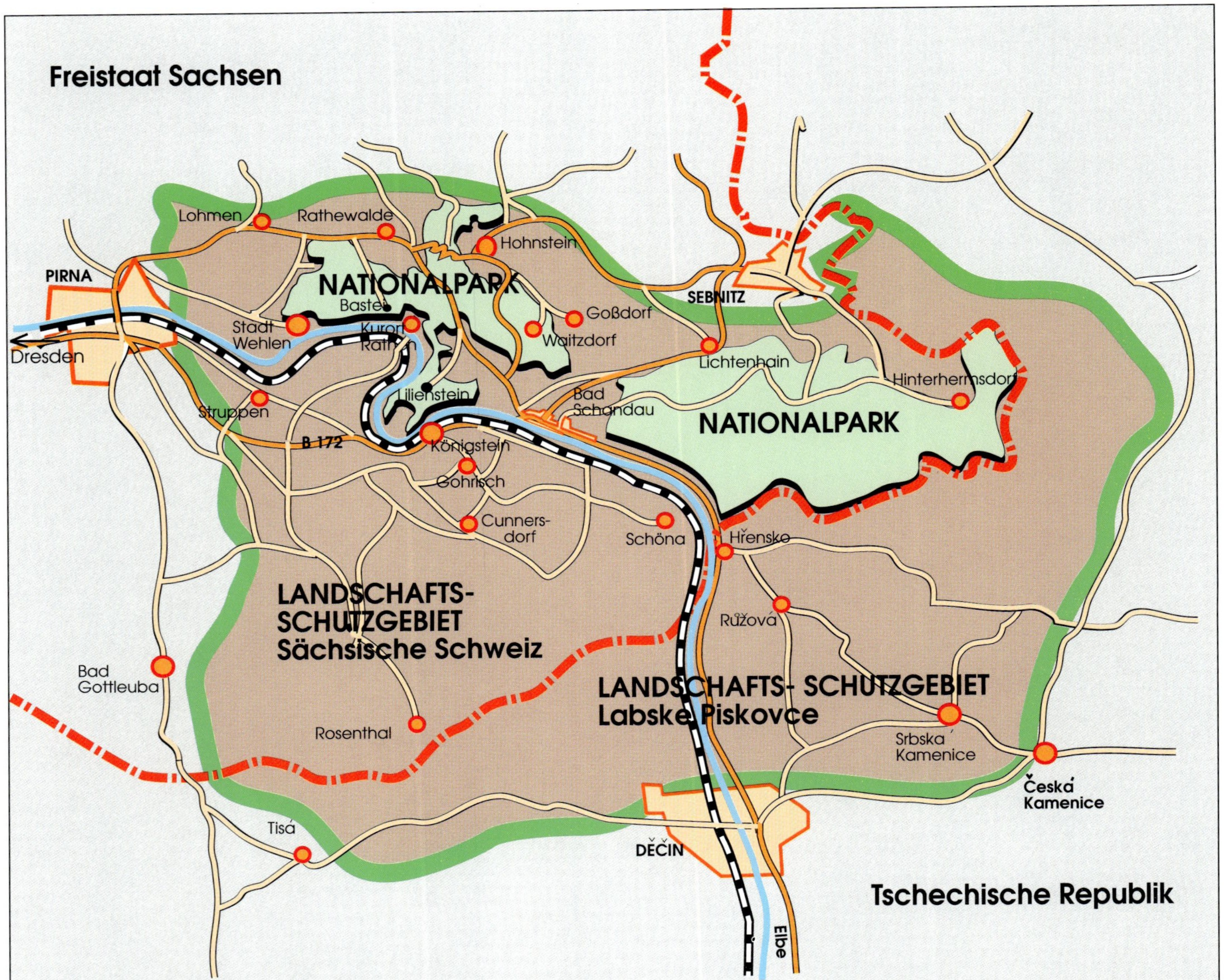

Elbsandsteingebirge = Sächsischer Teil + Tschechischer Teil

Das Gebiet ist unterteilt in folgende Schutzgebiete:

Nationalparkregion Sächsische Schweiz:
Landschaftsschutzgebiet 275 km^2 + Nationalpark (93km^2)

Landschaftsschutzgebiet Labske Piskovce (300km^2)

Inhalt

Folgende Doppelseiten:

Seite 8/9:
Die Überschau aus rund dreitausend Metern Höhe vermittelt einen Einblick in die Struktur der Erosionslandschaft des Elbsandsteingebirges, wie er sonst schwer vorstellbar ist. Vor allem die große Elbschleife um den Lilienstein prägt das Landschaftsbild. (Foto: Sachsen-Luftbild)

Seite 10/11:
Die Basteiwände des Rathener Gebietes verdeutlichen zweierlei: die großartige »Architektur« der Naturlandschaft und die Erschließung einer an sich unzugänglichen Felsenwelt für jedermann durch die 1851 gebaute Basteibrücke.

Seite 12/13:
Die Elbe war und ist das Hauptelement der Landschaftsbildung. Jedoch auch die Nebenflüsse und -bäche, wie hier das Bielatal, haben entscheidend Anteil an der Formung des heutigen Reliefs.

Vorwort

Natur geht ihren großen gewiesenen Gang. Sie redet eine wunderbare Sprache –
menschenverwandt, übermenschlich, dem Wort entrückt –
immer voll heimatlicher Klänge und leiser fremdartiger Obertöne.

Karl Förster

Landschaften mit Charakter haben etwas Unverwechselbares, Eigenes. Das kann ein bestimmtes Licht sein, ein markanter Berg, ein Fluß, ein Geruch …
Im Elbsandsteingebirge ist es der Zusammenklang zwischen Fels und Wald. Es gibt Landschaften, die bringen Musiker hervor, und es gibt Landschaften, die sind selbst Musik. Versteinerter Klang. Melodie des Waldes. Nicht von ungefähr wurden die Maler der Romantik vom Elbsandsteingebirge magisch angezogen. Nicht zufällig entspricht romantische Musik dem Gestus dieser Landschaft.
Wer sich dem »Gebirge« nähert, darf mit interessanten Überraschungen rechnen; aus einer ersten flüchtigen Begegnung kann eine lebenslange Freundschaft werden.
Allerdings, schon beim Namen sind wir irritiert: Ein Gebirge ohne Berge. Nichts ist aufgetürmt. Im Gegenteil. Wer diese Berge erleben will, muß zuerst hinabsteigen. Vom Wasser geboren, aus dem Meer der Kreidezeit, wird die Landschaft wieder durchs Wasser zerstört, wird abgetragen. Eine Erosionslandschaft, deren Felsruinen, diese kümmerlichen Reste einer einst kompakten Sandsteinplatte, uns heute faszinieren.
Dieser Landstrich, schwer zugänglich und damit ökonomisch uninteressant, hatte Ende des 18. Jahrhunderts noch nicht einmal einen eigenen Namen. Man rechnete ihn zu den »Böhmischen Wäldern«. Langsam setzte sich die unscharfe Bezeichnung »Elbsandsteingebirge« durch, und da brachten Maler den Begriff »Sächsische Schweiz« auf. Bis heute wird gestritten über die Namen und über die Abgrenzung des Gebietes. Dabei ist längst entschieden, daß beide Bezeichnungen nebeneinander bestehen, so unwissenschaftlich sie auch sein mögen. In unserem Buch heißt es »Elbsandsteingebirge«, wenn der Naturraum behandelt wird, und bei den Fragen, die mit den Tourismus korrespondieren, »Sächsische Schweiz«. In diesem Sinne hat der junge Nationalpark genau den falschen Namen. Nomen est omen?
Die Felsen des Elbsandsteingebirges ragen wohl hoch und steil auf, aber ihr Maß ist nicht übermenschlich. Sie wirken nicht bedrohlich, wie es oft die Berge der Hochgebirge tun. Während dort die objektiven Naturgefahren eine entscheidende Rolle für die Menschen spielen, fehlen diese im Elbsandsteingebirge fast ganz. Und doch vermögen die grauen Sandsteinfelsen die gleichen Emotionen auszulösen wie viel höhere Berge.
Das Elbsandsteingebirge ist keine Landschaft zum hastigen Durcheilen. Wer Freude daran findet, sich auf verschlungenen Pfaden dem Falkenstein zu nähern oder dem Lilienstein, dem König der Tafelberge über der großen Elbschleife, wird immer wieder hierherkommen wollen. Wer gar klettert, wird hier ein überreiches Betätigungsfeld finden.

Landschaft aus Fels und Wald

Millionen Menschen besuchen jährlich das Elbsandsteingebirge. Warum?
Das Gestein, das Material dieses »Gebirges«, kann es nicht sein, was sie anzieht. Denn das ist zu einförmig, zu nichtssagend. Der poröse Sandstein, der sich voll Wasser saugen kann wie ein Schwamm, besteht aus nichts weiter als Quarzkörnern, die durch spärliche Bindemittel, meist ist es Ton, zusammengekittet sind. Reiben wir zwei Steine aneinander, rinnt uns der Sand durch die Finger.
Auch die Geschichte des Aufbaus des Elbsandsteingebirges ist nicht spektakulär. Was ist schon aufregend daran, wenn durch das Meer Sandschicht um Sandschicht abgelagert wird, in Zeiträumen, die unvorstellbar lang sind?
Das Elbsandsteingebirge aber ist eine der Flußlandschaften, die einen ganz besonderen Charakter haben. Die Elbe, die mitten durchs Gebiet fließt, hat die Landschaft maßgeblich geformt und geprägt. Sie hat sich mit ihren Nebenflüssen hineingefressen in die einförmige Sandsteintafel, hat Felsriffe freigestellt und mächtige Tafelberge, deren Rümpfe härter waren als die sie umgebenden Sandsteinmassen.
Von besonderem Interesse ist die Einwirkung tektonischer Seitenkräfte, die die Sandsteinplatte von Süden und Norden förmlich in die Zange nahmen, so daß sie unter dem gewaltigen Druck zerbarst. Damit haben das Lausitzer Granitmassiv und das Erzgebirge entscheidenden Anteil an der Formung unserer Landschaft, denn die nun entstandenen Spalten wurden die Hauptangriffslinien der Erosionskräfte wie Wasser und Wind, Hitze und Kälte.
Dazu spielte vulkanische Tätigkeit eine gewisse Rolle, deren sichtbare Zeichen die kegelförmigen Basaltberge sind, die im hinteren Teil des Elbsandsteingebirges und vor allem in Böhmen auffallen.
Ein weiteres wichtiges Moment bei der Entstehung der Landschaft, damit sie ihren heutigen unverwechselbaren Charakter annehmen konnte, waren die Auswirkungen dreier Eiszeiten. Ein Findling markiert in Bad Schandau das südlichste Vordringen des nordischen Inlandeises. Aus den Geröllmassen, dem Staub und Lehm, die der Eispanzer vor sich her und bis ins Sandsteingebiet hineinschob, wurde die Humusschicht in den Ebenen, auf den Tafelbergen, Felsriffen und in den Tälern gebildet. Das war die Grundlage für die Bewaldung des Gebietes.
Landschaft aus Fels und Wald, das ist es, was heute den besonderen Reiz des Elbsandsteingebirges ausmacht. Da sind die Felsen, mehr als tausend freistehende Türme in unterschiedlichster Form und Gestalt. Neben schlanken Säulen, die aller Statik Hohn sprechen, gibt es wuchtige Klötze. Man vergleiche die zerbrechlich wirkenden Herkulessäulen im Bielatal mit dem Rauschenstein, der hoch überm Elbtal bei Schmilka steht. Ins Auge fallen Ensembles von Felsgruppen, die in ihrer Gesamtwirkung eine Ästhetik ausstrahlen, wie sie Künstler nicht besser gestalten könnten. Die Vordere Schrammsteinkette oder das Felsriff der Kleinen Gans sind dafür besonders anschauliche Zeugnisse.
Überhaupt ist es der oft rasch wechselnde Gegensatz der landschaftlichen Großformen, wie Ebenen und Tafelberge, Felsriffe und Gründe,

der das Bild des Elbsandsteingebirges so eindrücklich prägt.
Wer erwartet schon nach der Fahrt über die monotone Ebene an der Bastei unvermittelt einen senkrechten Steilabfall von 180 m hinunter zur Elbe? Oder, welch emotionale Wirkungen rufen die tief eingeschnittenen Täler wie Polenztal oder Kirnitzschtal hervor, in denen Wände und herumliegende Felsblöcke von dicken Moospolstern überzogen sind. Farnwedel stehen oder hängen an den abenteuerlichsten Stellen der Felsen. Mitten aus glatten Wänden tropft Wasser. Es ist kühl und schaurig schön.
Ganz anders ist der Eindruck von der Landschaft, den wir beim Aufstieg auf den Großen Winterberg gewinnen, oder wenn wir durch die Buchenhallen des Hausberges am Neuen Wildenstein schreiten. Deren Basaltstöcke sorgen für nährstoffreicheren Boden und damit für eine vielfältigere Pflanzenwelt.
Wer im Elbsandsteingebirge aufmerksam unterwegs ist, wird neben den Großformen der Landschaft noch viel mehr sehen.
Da gibt es Felswände voller Löcher, die an Bienenwaben erinnern: Wabenverwitterung als Ergebnis chemischer Prozesse. Oder aus glatten Felspartien ragen rostbraune Eisenschwarten heraus, mäanderförmig, eine bis heute nicht eindeutig geklärte Erscheinung. Es fallen Sanduhren ins Auge. Manche sind eigenartig geformt. Der Wind spielte bei ihrer Entstehung eine wichtige Rolle. An anderen Stellen gibt es Höhlensysteme oder tiefe Löcher im Fels. Hier und da wirkt das Gestein völlig zerfressen, und Sand rieselt herab. Prüfen wir den auffallenden weißen Belag, so schmekken wir Alaun.
In einigen Gebieten, wie im Bielatal, ist der Sandstein dunkel. Dort ist er hart und fest. In den meisten Gebieten jedoch ist er hell und weich. Das sehen wir an den Trittspuren, die Wanderer in vielen Jahren zum Beispiel in den Fels auf dem Zugang zur Schrammsteinaussicht geschliffen haben.
Und immer wieder fallen auf den Riffen alte abgestorbene Kiefern auf, deren Äste, nadellos und kahl, in den Himmel ragen. Diese Wetterkiefern, oft sind sie spiralförmig verdreht, gehören zum unverwechselbaren Bild der Elbsandsteinlandschaft. Sie geben Zeugnis von ihrer Schönheit, jedoch auch von ihrer Kargkeit. Sie erinnern uns an das Werden und Vergehen in der Natur.

Elbsandsteingebirge, das ist eine Erosionslandschaft der Kreidezeit – eine Landschaft aus Fels und Wald.

Die Partschenhörner sind ein stark zerklüfteter Felsstock zwischen der Weberschlüchte und dem Großen Zschand. Als gewaltige Felsmauer steht die Sommerwand überm Tal.

Der Heringsgrund bildet ein weites Oval mit steil aufragenden Felswänden und Türmen. Von den Schneeberger Aussichten hat man eindrucksvolle Tiefblicke und einen umfassenden Überblick über das Schmilkaer Gebiet.

Den besonderen Reiz dieser Landschaft macht die schier unerschöpfliche Formenvielfalt des Sandsteins aus, sei es im Großen wie an den Herkulessäulen oder anderen eigenwilligen Felsgebilden, sei es im Kleinen, wie die Wabenverwitterungen zeigen.

Mit dem Großen Schrammtor bietet die Schrammsteinkette einen imponierenden Durchgang (Hauptwanderweg). Unter den steilaufragenden Felsen wirkt der Wanderer klein und verloren. Zyklopenhafte Blöcke liegen wie zufällig herum.

Der Bloßstock, er markiert die Spitze des Langen Horns, ist der »Königsgipfel« der Affensteine. Ihn zu betreten, ist Bergsteigern vorbehalten.

Die Bloßstockgruppe vom Alten Wildenstein aus gesehen – große Landschaft aus Fels und Wald.

Die Vorderen Schrammsteine – deutlich ist links der markante Durchbruch des Großen Schrammtores zu erkennen.

Vorhergehende Doppelseite:
Imponierender kann der Kontrast kaum sein, zwischen der schlanken Felsnadel Tante auf der einen Seite, dem monumentalen Block der Torsteine im Zentrum und dem völlig freistehenden Falkenstein, der immerhin auch eine Höhe von fast 90 Metern erreicht.

Die Brosinnadel ist ein »Geniestreich« der Natur. Das Atemberaubende dieser in ihren Proportionen einmaligen Felsgestalt erschließt sich erst, wenn man ganz oben auf ihrer Spitze steht.

Folgende Doppelseiten:
Seite 26/27:
Nach der großen Schleife am Lilienstein fließt die Elbe in weitem Bogen unter den Basteiwänden dahin. Der Rauenstein wirkt so nahezu wie eine Insel.
Seite 28/29:
Die Schönaer Ebene mit den beiden kleinen Tafelbergen (Zirkelstein, Kaiserkrone) steht in spannungsvollem Kontrast zu den steilen Elbwänden mit den Schrammsteinen.

Pflanzen und Tiere

»Von allen Reizen, mit denen die Landschaft sich schmückt, ist der für uns nachhaltigste und unentbehrlichste ihre Pflanzendecke, ihr aus dem verschiedenartigsten Grün gewirktes, blütenreiches Gewand. Das Spiel der Wolken und die Himmelsbläue, der kühne oder sanfte Aufbau der Gebirge und der Abfall des Landes gegen weite Wasserflächen, ja gegen das wogende Meer, das alles erhält erst seinen richtigen Wert und Charakter in dem Pflanzenkleide der Landschaft, wo in unablässiger Besiedelungsarbeit Hunderte verschiedenartiger Gewächse die ihnen passenden Standorte eingenommen haben und für sich behaupten – bis vielleicht die übermächtige Kulturarbeit oder Zerstörungslust der Menschen sie hinrafft. Im Gegensatz zur Tierwelt, die sich bei ihrer Beweglichkeit und Kleinheit meist unseren Blicken entzieht, wirkt die Pflanzenwelt durch die Größe ihrer Bestände und durch ihre Stetigkeit machtvoll auf unser Auge; ihr folgen wir wie dem Gang der Sonne; mitfühlend, mitgenießend im Wechsel der Jahreszeiten.« (Prof. Drude, 1908)

Wer sich in der Natur wohl fühlt, dem werden diese vor langer Zeit formulierten Sätze recht modern vorkommen.

Das »Kleid der Landschaft«, in erster Linie wohl der Wald, übt auch in unserem Gebiet einen nachhaltigen Zauber auf den Besucher aus. Wir müssen allerdings im Schauen geübt sein, denn vieles ist dem oberflächlichen Auge verborgen.

Das Elbsandsteingebirge ist die kleinste unter den natürlichen Landschaften Sachsens. Jedoch hat sich aufgrund der häufig wechselnden Bodenverhältnisse zwischen Sandstein, Granit und Basalt eine Pflanzenwelt ganz besonderer Art herausgebildet.

Charakteristisch sind die Schluchten und Gründe mit ihrem ursprünglichen Buchen-Tannen-Wald, im dem einst vereinzelt Fichten vorkamen. Die Tanne ist jedoch zugunsten der Fichte weitgehend verdängt worden. In den kühlen und feuchten Taleinschnitten finden wir Rippenfarn, Hain-Gilbweiderich, Quirlblättrige Weißwurz, Weiße Pestwurz, Hasenlattich, Silberblatt oder Waldgeißbart.

Charakteristisch ist die Umkehr des Klimas, so daß kälteliebende Pflanzen hier tief unten in den

Gründen wachsen und nicht, wie üblicherweise in Mittelgebirgen, auf den Höhen.

Auf Sandsteinriffen und Plateaulagen mit den nährstoffarmen, sauren Böden wächst ein heideartiger Kiefern-Eichen-Wald, der mit Birken untermischt ist. Typische Waldbegleitpflanzen sind Wiesenwachtelweizen, Adlerfarn und Preisel- und Heidelbeere.

Als dritte, charakteristische Waldgesellschaft ist die wegen der Granit- und Basaltböden viel reichere Laubwaldflora mit Rotbuchen, Bergahorn, Bergulmen und vereinzelt Eschen zu nennen. Hier wachsen Perlgras, Waldbingelkraut, Zahnwurz, Hohler Lerchensporn, Bergehrenpreis oder das Waldveilchen, um nur einige zu nennen.

Zu den botanische Kostbarkeiten werden im Elbsandsteingebirge einige Pflanzen gerechnet, die im Zuge dreier Eiszeiten in unser Gebiet kamen und sich im rechtselbischen Gebiet als Eiszeitrelikte bis heute halten konnten. So kommt das arktisch-alpine Gelbe Veilchen erst wieder in den Alpen vor. Vom subarktisch-subalpinen Knotenfuß gibt es noch vereinzelte Vorkommen in einigen kühlen Elbsandsteingründen. Weitere nordische Arten sind Krähenbeere oder Sumpfporst, der auch als Edelweiß des Elbsandsteingebirges bezeichnet wird.

Auffallend ist der Farnreichtum. 30 von 40 in Sachsen vorkommenden Farnen sind im Gebiet zu finden.

Auch die Tierwelt entspricht dem Charakter der Felsenlandschaft. So nutzen im Gegensatz zu anderen Gebieten eine ganze Reihe von Vögeln Felshöhlen zum Nisten. Dazu zählen Turmfalke und Hohltaube, Waldkauz und Mauersegler, Gartenrotschwanz und Dohle. Nicht zuletzt ist der Wanderfalke zu nennen, der seit den siebziger Jahren hier ausgestorben ist und durch ein Programm zur Wiederansiedelung erneut heimisch zu werden beginnt. In Gebietsteilen, die touristisch etwas weniger frequentiert werden, ist der Schnelle Flieger zu sehen und zu hören.

Die Population von Uhu, Sperlings- und Rauhfußkauz ist seit vielen Jahren im Elbsandsteingebiet stabil. Das betrifft vor allem unsere größte Eule, den Uhu, seitdem der Mensch ihn nicht mehr verfolgt.

An den klaren und von Schafstoffen relativ wenig belasteten Bächen sind häufig die Gebirgsstelze und die Wasseramsel zu beobachten.

Jedoch wird man den äußerst scheuen nachtaktiven Fischotter nicht zu Gesicht bekommen. Das gilt auch für den Luchs, dessen Spuren immer wieder beobachtet werden, der im böhmisch-sächsischen Gebiet hin- und herwechselt.

Auch der Rothirsch gehört ins Elbsandsteingebirge. Die Brunftschreie im Herbst, die durch das Echo von den Felswänden vervielfacht werden, sind oftmals sogar am hellen Tag zu erleben. Allerdings bereitet der zu hohe Rot- und Rehwildbestand große Probleme für die Ökologie des Waldes.

Die Pflanzen- und Tierwelt des Elbsandsteingebirges ist nicht überreich an Arten. Aber sie ist der Struktur des Gebietes optimal angepaßt. Es gilt der Appell an alle Besucher des touristisch stark frequentierten Gebietes, sich besonders rücksichtsvoll gegenüber Pflanzen und Tieren zu verhalten.

Links oben: Gelbes Veilchen, als Eiszeitrelikt eine botanische Kostbarkeit des Elbsandsteingebirges
Rechts oben: Knotenfuß
Links unten: Adlerfarn
Rechts unten: Waldgeißbart, eine Charakterpflanze des Gebietes

Nur wenig Lebensraum bietet der Fels der Heide.

Buchenfarn an einer Felswand.
Oftmals genügt eine feine wasserführende Schicht zur Ansiedelung von Moosen und Farnen.

Der Sumpfporst, im Volksmund auch »Edelweiß der Sächsischen Schweiz« genannt, blüht mit seinen leuchtenden Sternen Anfang Mai an den Nordseiten von einigen feuchtkühlen Gründen.

Links: Zwergschnäpper fliegt aus dem Nistbaum (Foto: Ulrich Augst)
Mitte oben: Wanderfalke, einst ausgestorben, ist seit wenigen Jahren nach erfolgreicher Wiedereinbürgerung wieder heimisch.
Mitte unten: Sandtrichter von Ameisenlöwen
Rechts: Luchs – ein Gipfeltier des Elbsandsteingebirges (Foto: Tierfreigelände)

Schwarzstorch – diesen sehr scheuen Vogel sieht man hin und wieder über die Sandsteinfelsen fliegen, wenn er seine Nahrungsstellen aufsucht. (Foto: Tierfreigelände)

Ein Raum zum Leben

Eine Landschaft mag noch so spektakulär sein – für den, der dort tagaus, tagein lebt und arbeitet, stellt sie sich ganz anders dar als für den Urlauber oder den Besucher, der sich erholen will, der Vergnügen sucht. In den alten Berichten über die Menschen des Elbsandsteingebirges schwingt meist das Wort Not mit. Auch heute hört man von Zukunftsangst und Sorge ums Auskommen. Viele, die aus wirtschaftlichen oder auch politischen Gründen einst weggegangen sind, haben erst in der Fremde dieses magische Wort Heimat neu entdeckt.

Ein Raum zum Leben. Wovon leben? Natürlich zuerst von den Naturgütern, dem Wasser der Elbe als Verkehrsweg, den Fischen der Flüsse, dem Sandstein, später dem Holz des Waldes. Natürlich auch von der Landwirtschaft, der kärglichen, auf den armen Böden. Auch etwas Eisen holte man einst aus der Erde. Nach Gold suchte man vergeblich. Nur ein paar Namen erinnern noch an diese Bemühungen, wie Goldstein oder Seufzergründel.

Die Steinbrecherei war jahrhundertelang der wichtigste Erwerbszweig für die Menschen in der Region. Sie war gefährlich, äußerst anstrengend und gesundheitsschädigend. Weite Wege mußten die Steinbrecher oft in Kauf nehmen, um aus ihren Dörfern zu den Steinbrüchen zu kommen.

Es müssen unheimliche Geräusche im Elbtal gewesen sein, als es noch keinen Lärm von Autos, Eisenbahn oder Flugzeugen gab, wenn es wieder einmal soweit war, daß eine »Wand kam«. Oft dauerte es Monate, bis eine Felswand so weit unterhöhlt wurde, bis sie aus dem kompakten Sandsteinverband herausbrechen konnte. Kanonendonnergleich waren diese Geräusche. Vor diesem Hintergrund versteht man wohl den gellenden Ruf »Lauf zu«, der ausgestoßen wurde, damit sich jeder in Sicherheit bringen konnte, wenn so eine Wand in Bewegung kam. Ein Ruf, mit dem keine Späße zu treiben waren! König August III. leistete sich einmal einen solchen Spaß und sühnte ihn mit viel Bier an die Steinbrecher.

Aus Elbsandstein sind die berühmten Dresdner Barockbauten errichtet worden. Bis nach Hamburg und Kopenhagen wurden die grob behauenen Felsblöcke gebracht. Als Mahlsteine vertrieb man sie in ganz Europa. Auch viele der noch heute sehenswerten Dorfkirchen der Sächsischen Schweiz entstanden aus heimischem Sandstein.

Um die Jahrhundertwende mußten die meisten Brüche im Elbtal aus Sicherheitsgründen geschlossen werden. Außerdem gab es billigere Baumaterialien. Eine uralte Tradition ging zu Ende. Heute gibt es im Elbsandsteingebirge nur noch vier Sandsteinbrüche, jedoch die Wunden, die der Mensch in die Elbwände gerissen hat, sind sichtbar geblieben.

Große Bedeutung neben der Sandsteingewinnung hatte die Elbschiffahrt. Bereits im 10. Jahrhundert fand ein reger Schiffsverkehr auf der Elbe zwischen den Sorben, die unser Gebiet besiedelten, und den Tschechen statt, die miteinander Handel trieben. Noch heute hat die Elbe als Wasserstraße große Bedeutung.

Eine wichtige Berufsgruppe neben den Steinbrechern und Schiffern waren die Fischer. Der Fischreichtum der Elbe und ihrer Nebenflüsse war groß. Namen wie Lachsbach erinnern an einen köstlichen Fisch, der längst nicht mehr elbaufwärts schwimmt, um seine alten Laichplätze in der Polenz oder im Sebnitzbach aufzusuchen.

Im linkselbischen Bereich, zwischen Königstein und Berggießhübel, wurde vor allem im 16. Jahrhundert Eisenerz gefördert und verarbeitet. Allerdings war damit ein hemmungsloses Abholzen des Waldes verbunden, denn es wurden große Mengen an Holzkohle benötigt.

Überhaupt spielte die Holzgewinnung über mehrere Jahrhunderte eine wesentliche Rolle. Die Entwicklung des gesellschaftlichen Lebens und das rasche Wachstum der Städte, verbunden mit den bedeutenden Silberfunden im Erzgebirge (1470 bis 1550), hatten eine enorme Bautätigkeit zur Folge. Neben Sandstein wurden auch große Mengen an Holz gebraucht. Der Holzeinschlag glich zeitweise einem Raubbau.

In der zweiten Hälfte des 16. Jahrhunderts wurden Einrichtungen gebaut, um auf der Kirnitzsch das Holz, das in riesigen Mengen geschlagen wurde, effektiv zur Elbe zu transportieren. Es entwickelte sich ein neuer Berufszweig, die Holzflößerei. Die Obere Schleuse bei Hinterhermsdorf wurde später in Stein ausgeführt. Heute dient die auf 750 Meter angestaute Kirnitzsch touristischen Zwecken. 1879 wurden Kahnfahrten eingerichtet, die bis heute zu den Höhepunkten eines Besuches der Sächsischen Schweiz zählen.

Keine große Bedeutung konnte die Landwirtschaft erringen. Dazu waren die Böden zu karg. Eine wichtige Rolle spielte im 18. und 19. Jahrhundert in Verbindung mit der Leinenweberei der Flachsanbau. In vielen Häusern standen Webstühle. Der Typ des Umgebindehauses mit dem Webstuhlraum, der konstruktiv vom übrigen Hauskörper losgelöst war, kam der Weberei sehr entgegen. So finden wir noch heute eine Reihe dieser stilvollen alten Fachwerkhäuser mit dem charakteristischen Umgebinde. Mit dem Niedergang der Weberei in der ersten Hälfte des 19. Jahrhunderts wurde im Sebnitzer Raum mit der Herstellung von Kunstblumen begonnen. Bis 1990 war das ein sehr wichtiger und gutgehender Erwerbszweig.

Industrie hat sich im Raum des Elbsandsteingebirges kaum angesiedelt. Etwas Kleinindustrie, die heute nahezu vollkommen zum Erliegen gekommen ist, gab es in Sebnitz, Bad Schandau und Königstein.

Große Hoffnungen erweckte allerdings der ab Mitte des 19. Jahrhunderts sich stürmisch entwickelnde Fremdenverkehr. Mit der Erschließung des Gebietes für den Fremdenverkehr wurden Übernachtungsmöglichkeiten und Gaststätten benötigt. Solch berühmte Gasthäuser wie Lichtenhainer Wasserfall oder Großer Winterberg, in der Mitte des vorigen Jahrhunderts errichtet, existieren noch heute.

Die wirtschaftliche Situation unserer Zeit ist, das ist im Elbsandsteingebirge nichts Neues, wieder einmal kompliziert. Auf dem Fremdenverkehr ruhen große und berechtigte Hoffnungen. Es gilt aber behutsam umzugehen mit dem kostbarsten Gut, nämlich der einzigartigen Landschaft. So wird der noch junge Nationalpark nicht nur dafür Garant sein, daß dieses unverwechselbare Naturschauspiel erhalten bleibt, sondern auch zum Lebensunterhalt der Menschen im Elbsandsteingebirge beitragen.

Aufgelassener Steinbruch in den Postelwitzer Wänden. Hier wurde u.a. der Sandstein für die Dresdner Frauenkirche gebrochen.
Um die Jahrhundertwende kam die Steinbrecherei zum Erliegen. Der Landesverein Sächsischer Heimatschutz kaufte die Brüche auf, um die Halden wieder zu begrünen. Noch heute sind die »Weißen Brüche« als Zeugnisse einstiger Landnutzung erkennbar.

Engelskopf, ein »Spiel« junger Bildhauer bei einem Elbsandsteinbesuch.

Die Reinhardtsdorfer Kirche ist ein Kleinod des ländlichen Barock. Besonders interessant sind der Flügelaltar und die Brüstungsfelder der Emporen mit Darstellungen biblischer Geschichte.

Der romanische Chor (mit gotischem Gewölbe) der Struppener Kirche ist von einer erhabenen Schlichtheit. Die Kirche gehört zu den wertvollen sakralen Denkmalen der Sächsischen Schweiz.

Die alte Buschmühle, schon 1776 erwähnt, atmet noch heute etwas von längst vergangenen Zeiten. Ihr unterschlächtiges Mühlrad treibt neben der Mahlanlage einen modernen Generator zur Stromerzeugung.

Kitsch und Kultur:
Gartenzwerg vor einem alten Umgebindehaus.

Wer dem inneren Wert der Heimat verbunden ist, schmückt liebevoll seine alten Häuser, wie man in vielen Dörfern sehen kann.

Die Umgebindehäuser, typische Bauernhäuser der Lausitz und auch der Sächsischen Schweiz, waren einst funktionell und sind heute noch Höhepunkte ländlicher Architektur.

Folgende Doppelseite:
Idylle im Saupsdorfer Räumicht? – Das Bild erweckt die Illusion, hier sei die Zeit stehengeblieben.

Unterwegs im Nationalpark

»Natur Natur sein lassen«, das ist der Slogan, mit dem die Besucher in deutschen Nationalparks empfangen werden. Jedoch so leicht, wie dieser Satz von den Lippen geht, ist es nicht, den Nationalparkgedanken nachzuvollziehen.
Im Jahr 1990 wurden zwei wesentliche Teilgebiete des Elbsandsteingebirges zum Nationalpark Sächsische Schweiz erklärt.
Weltweit gibt es etwa 1400 Nationalparks, davon in Deutschland elf. Im Nationalpark Berchtesgaden wird eine außergewöhnliche Hochgebirgsregion geschützt, im Müritz-Nationalpark ist es ein Wald-Seen-Gebiet, im Bayerischen Wald ein Waldnationalpark, und an der Nordseeküste steht das Wattenmeer unter besonderem Schutz.
Im Elbsandsteingebirge gilt der höchste internationale Schutzstatus eines Nationalparks der Erosionslandschaft der Kreidezeit mit ihrer ganz spezifischen Flora und Fauna.
Immer handelt es sich bei den Nationalparks um relativ große Gebiete, in denen der Mensch im Lauf der Jahrhunderte die Natur nicht übermäßig beeinträchtigt hat, Gebiete, die noch eine gewisse natürliche Ursprünglichkeit haben. Einer der Kerngedanken der Nationalparkphilosophie ist, daß in diesen Schutzgebieten Natur sich selbst überlassen werden soll. Hier verzichtet der Mensch auf die Nutzung ihrer Güter.
Aber ganz so einfach ist das nicht. Nehmen wir den Wald. Im Elbsandsteingebirge herrschte wie überall in Mitteleuropa einst ein artenreicher Mischwald vor. Der Holzbedarf war groß, und so wurde fast ausschließlich die schneller wachsende Fichte gepflanzt. Werden aber die anfälligen Fichtenforste von einer größeren Katastrophe wie Borkenkäferbefall, Windbruch oder Waldsterben heimgesucht, so steht zu befürchten, daß das Gebiet eher verkarstet, als daß sich wieder Vegetation oder gar Wald, ansiedelt.
Da ist mit »Natur Natur sein lassen« nichts geholfen. Deshalb wollen die Verantwortlichen dem Wald über eine gewisse Zeit eine Starthilfe geben, damit er sich zum artenreichen Mischwald entwickeln kann, und sich eine natürliche Altersstruktur einstellt. So sieht man im Nationalpark, wie Forstleute einzelne Bäume herausschlagen und wie sie junge Laubhölzer anpflanzen. Wenn aber nicht gleichzeitig der zu hohe Wildbestand auf ein naturverträgliches Maß reduziert wird, hat der Waldumbau keine Chance.
Natürlich wird der Mensch nicht aus dem Nationalpark ausgesperrt. Er soll sich in ihm erholen, er soll von der Natur lernen können. Wo, wenn nicht in den natürlichsten Gebieten, die wir noch haben, sollen wir die Natur erfahren können, der wir uns durch das Leben in den Städten erschreckend weit entfremdet haben? Dabei sind allerdings besondere Spielregeln einzuhalten, über die die Nationalparkbesucher mit Hilfe von Hinweistafeln an den Eingängen des Parks informiert werden.
Natur sich selbst überlassen, das ist auch im Nationalpark Sächsische Schweiz an vielen Stellen schon möglich. In den Kernzonen, das sind die Herzstücke des Parks, ist der Natürlichkeitsgrad in aller Regel so, daß dort schon jetzt auf Eingriffe verzichtet werden kann. Hier hält schon jetzt die Natur Anschauungsunterricht, so daß der aufmerksame Beobachter staunend und ergriffen steht, wenn er nur seine Sinne gebraucht.

Dem Werden und Vergehen des Lebens, der Natur, begegnen wir hier anschaulich auf Schritt und Tritt. Der Baum, der einst vom Sturm gefällt wurde oder zusammenbrach, als er sein Alter erreicht hatte, fällt uns auf, weil er über und über von Moos bewachsen ist. Totes Holz – und doch nicht tot. Denn schauen wir ihn näher an, dann stellen wir fest, daß Heerscharen von Käfern und Insekten damit beschäftigt sind, ihn zu zerlegen, damit wieder neues Leben entstehen kann. Der Kreislauf der Natur wird uns gerade durch diese Bäume, wie durch ein Brennglas, überdeutlich vor Augen geführt.

Im Nutzwald, dessen Zweck in der Gewinnung von Holz besteht, ist das nicht möglich, weil jeder umgestürzte Baum sofort herausgeholt wird, damit von ihm ja keine Gefahr ausgehe. Mancher muß umdenken, bis er erkennt, daß ein »aufgeräumter« Wald etwas höchst Widernatürliches ist.

Der Verzicht auf die traditionelle Nutzung der Naturgüter, und auf Bautätigkeiten, der eingeschränkte Zutritt auf verschiedene Gebiete ist für viele Einheimische nur schwer nachvollziehbar. So ist es natürlich, daß mit der Ausrufung eines Nationalparks nicht überall mit einhelliger Zustimmung gerechnet werden kann. Es braucht Zeit, sich mit dem Nationalpark anzufreunden, zu begreifen, daß er nicht nur Einschränkungen fordert, sondern daß er langfristig eine einmalige Chance bietet, die Entwicklung der Region positiv zu beeinflussen.

Nationalparks sind das Naturerbe eines Volkes. Damit gewinnen sie zunehmend an Bedeutung und Anziehungskraft und stellen trotz allem auch für den Tourismus einen wichtigen Faktor dar.

Die Nationalparkverwaltung hat die Aufgabe, Besuchern mit vielfältigen Angeboten den Sinn des Nationalparks zu vermitteln und Naturerleben zu fördern, damit am Beispiel des Parks ein neues, positives Verhältnis zur Natur, zu Fragen des Natur- und Umweltschutzes, erreicht wird. Deshalb bildet gerade die Arbeit mit Kindern und Jugendlichen einen besonderen Schwerpunkt. Wie vielfältig die Aufgaben sind, zeigt sich am Problem des Massentourismus, der mit seinen Verkehrsbelastungen großen Druck auf den Park ausübt. Dabei hat gerade der Nationalpark Sächsische Schweiz, international gesehen, eine einmalige Lage: Er ist vom nahegelegenen Ballungszentrum Dresden mit der S-Bahn in reichlich einer halben Stunde erreichbar. Im hinteren Teil des Parks, der etwas weitläufiger ist als der vordere, besteht die Möglichkeit des Anschlusses einer Schmalspurstraßenbahn, die seit 1994 zum großen Teil mit Solarenergie betrieben wird. Diese einmalige Verkehrssituation wird künftig die tragende Rolle beim Besuch des Nationalparks spielen. Wird das erreicht, dann ist die Nationalparkidee nicht nur theoretisch interessant, dann hat sie ihren Sinn beim Entwicklungsprozeß der Menschen, die ökologisch verantwortlich denken und und vor allem handeln wollen, erfüllt.

Der strenge Naturschutz eines Nationalparks gilt sowohl dem Wald, der Pflanzenwelt, den Tieren – als natürlich auch den Felsen mit ihrem unerschöpflichen Formenreichtum.

Blick in den Großen Zschand, der Kernzone des Hinteren Nationalparkteiles ist. Hier kann man von naturnahem Wald sprechen, wo der Mensch ab sofort auf jegliche Einflußnahme verzichtet.

Die Kirnitzschklamm steht seit vielen Jahren unter strengem Naturschutz. So konnte sich hier ungestört Natur entwickeln, die der Mensch anderswo in weiten Teilen stark beschnitten hat.

Totholz – welch fataler Begriff, denn wo steckt mehr Leben als in diesem Baumstumpf! Solche Baumreste sind die Markenzeichen der Nationalparks. Sie symbolisieren Werden und Vergehen auf besonders eindrückliche Weise.

Moderner Wald in der Sächsischen Schweiz: Er ist weit von seiner ursprünglichen Form entfernt. Er hat in erster Linie Holz zu produzieren, ist von geistverdüsternder Monotonie.

Der (künftige) Wald des Nationalparks: Es sollen Laub- und Nadelbäume gemischt sein, jung und alt stehen am gleichen Ort.

Im Polenztal stehen noch Tannen an ihrem ursprünglichen Ort, die sonst aus unseren Wäldern seit langem verschwunden sind. Erkennbar sind sie an ihren silbergrauen Stämmen.

Die Kirnitzsch ist aufgrund ihrer hohen Wassergüte ein besonders wertvoller Lebensraum für eine vielseitige Pflanzen- und Tierwelt. Die Blätter des Flutenden Hahnenfußes fallen immer wieder ins Auge.

Der Traum der Romantiker

Wäre die Sächsische Schweiz auch eine romantische Landschaft, wenn Caspar David Friedrich (1774–1840) nicht hier gemalt hätte? Gewiß, sie wäre es, nur wüßten wir es nicht.
Dieser Künstler, der 1798 aus Kopenhagen, wo er modernste Landschaftsmalerei studierte, nach Dresden kam, hat die Geheimnisse der Elbsandsteinlandschaft mit ihren unergründlich tiefen Schluchten, aus denen oft gespensterhaft Nebel aufsteigen, wo die Flanken steiler Felstürme wild in den Himmel ragen und wo der empfindsame Mensch auf wundersame Art und Weise Zwiesprache mit der Natur halten kann, entschlüsselt, wie kein anderer vor und nach ihm.
Es ist die realistische Fantastik seiner Bilder – »die mit äußerster Sparsamkeit der Mittel und raffiniertem Kalkül erreichte Verbindung von Wirklichem und Unwirklichem« (Peter Schamoni), die uns gerade heute so magisch anzieht.
»Ich muß allein bleiben und wissen, daß ich allein bin, um die Natur vollständig zu schauen und zu fühlen; ich muß mich dem hingeben, was mich umgibt, mich vereinigen mit meinen Wolken und Felsen, um das zu sein, was ich bin. Die Einsamkeit brauche ich für das Gespräch mit der Natur.« Das schreibt der Maler Caspar David Friedrich.
Die Intensität der erschauten Natur läßt sich noch heute an seinen Meisterwerken über das Elbsandsteingebirge erkennen, wie den Gemälden ›Felsenthor‹ oder ›Wanderer über dem Nebelmeer‹.
Seit Friedrich wird das Elbsandsteingebirge als die romantischste aller deutschen Landschaften begriffen. Dabei hat Romantik oder die Bezeichnung dieser Landschaft mit diesem Begriff nichts mit Gefühlsduselei zu tun, sondern mit einem hohen Lebensgefühl. Eine romantische Landschaft spricht in erster Linie das Sinnliche im Menschen an.
Schon viel früher hat ein Großer des Geistes, der Grieche Pythagoras (um 570–500 v. Chr.), den erstaunlichen Satz formuliert: »Felsen sind zu Stein gewordene Musik.« Genau das ist es! Wie Musik unsere Seele zum Mitschwingen bringt, so können Landschaften das auch, Landschaften aus Fels und Wald zumal.
Unbestreitbar sind die Vielgestaltigkeit der Formen und die landschaftlichen Gegensätze dafür die Ansatzpunkte, daß die Maler der Romantik so nachhaltig vom Elbsandsteingebirge oder, wie man seither sagte, von der Sächsischen Schweiz, beeinflußt wurden. Die ruhigen Ebenen mit den majestätischen Tafelbergen, die wilden, tief eingeschnittenen Gründe mit ihrem Reichtum an Moosen und Farnen und Bäumen … und die Elbe mit ihren Nebenflüssen und Bächen bilden im Ensemble mit den teils bizarren, teils kolossalen Felsgestalten eine so in der Natur nicht häufig vorkommende Einheit. Das Filigrane in spannungsvollem Kontrast zum Monumentalen, umhüllt vom Grün des Waldes, erhabene Natur – das war es, was die Malerschaft um Friedrich suchte.
Noch ein anderer Künstler gesellte sich zum Kreis der Maler. Wenn sein »hilf, Samuel, hilf« schaurig durch den nächtlichen Wehlgrund gellt, werden die Zauberkugeln in Carl Maria von Webers ›Freischütz‹ gegossen.
Schemenhaft leuchten die Wehltürme über der Höhle, in der die Elemente der Unterwelt entfesselt

scheinen. Wenn aber der Gesang »leise, leise fromme Weise« erklingt, dann ist zu spüren, wie sehr diese Landschaft an Webers Oper mitgeschrieben hat. Die häufigste Musik, die Fernsehfilmen übers Elbsandsteingebirge unterlegt wird, ist die ›Freischütz‹-Ouvertüre. Verwundert das? Wohl kaum. Wer eine der abendlichen Aufführungen des ›Freischütz‹ in der Felsenbühne Rathen erlebt hat, wird sich schwerlich über die romantischste der Landschaften streiten wollen.

Noch eines Zeitgenossen von Caspar David Friedrich und Carl Maria von Weber wäre zu gedenken: Wilhelm Leberecht Götzingers (1758–1818), des tiefreligiösen Pfarrers aus Neustadt am Rande der Sächsischen Schweiz, dessen berühmtes Werk ›Beschreibung der sogenannten Sächsischen Schweiz‹ von 1812 noch heute eines der wichtigsten Werke der Reiseliteratur über das Elbsandsteingebirge ist. Der wanderfreudige Pfarrer, der, als er das erste Mal das Plateau des Großen Zschirnsteins betrat, tief unter sich ein endloses Meer von Bäumen mit einer Aussicht, die bis weit ins Böhmische reicht, spontan ausrief, »niederfallen und anbeten, das nur ist hier die Stimmung jeder reinen Seele«.

Zu einem Dresden-Besuch gehört seit jeher ein mindestens zweitägiger Ausflug in die Sächsische Schweiz. Friedrich und seine Malerkollegen hatten den Weg vorgegeben, nämlich die später so genannte Malerstraße. Das war die Route, die üblicherweise genommen wurde. Noch heute ist dieser Weg nacherlebbar.

Von Dresden führt er über Graupa durch den Liebetthaler Grund bis nach Lohmen. Der Uttewalder Grund mit dem berühmten Felsentor, Wehlen und die schon damals bevorzugte Bastei, das waren die nächsten Stationen. Über den Hockstein und durch das Polenztal ging es nach Hohnstein und zur Brandaussicht. Weiter führte der Weg durch den Tiefen Grund nach Schandau. Von da ab ging es aufwärts durchs Kirnitzschtal bis zum Lichtenhainer Wasserfall. Der Weg über den Kuhstall und den Großen Winterberg bis hin zum Prebischtor war sicher der anstrengendste Abschnitt. Zurück nach Dresden ging es per Schiff. Die auf dieser Route gemalten Bilder und die Beschreibung Götzingers machten die Sächsische Schweiz schnell weit über die Grenzen Sachsens hinaus bekannt und verkündeten unüberhörbar das Lob der Landschaft.

Vorhergehende Doppelseite:
Wer an einem Nebeltag durch die Buchenhallen des Großen Winterberges geht, erlebt die Landschaft auf eine einzigartige, geheimnisvolle Weise.

Die Kleine Gans im Morgennebel – es ist ein einzigartiges Schauspiel, wenn der dichte Nebelschleier wie von Geisterhand aufgerissen wird und die Felsen emportauchen.

Wenn der Lilienstein wie eine Insel aus dem weiten Nebelmeer überm Elbtal herausragt, kann man sich vielleicht vorstellen, daß diese Landschaft aus dem Meer geboren wurde.

Der »Gleitmannshornblick« gehört zu den Standardfotomotiven der Sächsischen Schweiz. Zu Recht, denn dieser Ausblick berührt seine Besucher wohl jederzeit.

Nebel, immer wieder Nebel. Häufig finden diese Nebelschauspiele in den Morgenstunden heißer Sommertage statt. Sie verleihen der Landschaft etwas Schwebendes, Geheimnisvolles.

Ein Moment intensiver Naturschau: die Abendsonne bricht noch einmal kurz durch die Wolken, und der Wald erglüht.

Die Wetterkiefern gehören zu den bizarrsten Naturbildern des Elbsandsteingebirges. Symbolhaft sprechen sie eine intensive und geheimnisvolle Sprache.

Das Paradies der Wanderer und Kletterer

Drei Momente waren es, denen das Elbsandsteingebirge verdankt, die erste deutsche Wanderlandschaft zu werden: die Nähe der Großstadt Dresden, die Entdeckung und Erschließung der Landschaft durch die Maler der Romantik und die sich mit großer Geschwindigkeit ausbreitende Industrialisierung.
1837 begann auf der Elbe mit dem Schiff ›Königin Maria‹ der regelmäßige Dampfschiffbetrieb. (Heute fährt auf der Elbe die älteste Schaufelraddampferflotte der Welt.) 1851 wurde die Eisenbahnlinie zwischen Dresden und Bodenbach (Böhmen) eröffnet. Das war auch das Jahr, in dem die steinerne Basteibrücke gebaut wurde, die in mehreren Bögen die tiefen Schluchten zwischen den Felstürmen des Basteiriffs überspannt. Diese Brücke erschloß ein an sich völlig unzugängliches Felsrevier für jedermann. Sie war der erste Bau Europas, der ausschließlich touristischen Zwecken diente. Mit der Brücke und der

großartigen Basteiaussicht bietet die vordere Sächsische Schweiz, kaum daß man sie betritt, einen bedeutenden touristischen Höhepunkt.
Unter diesen Voraussetzungen begann ein beachtlicher Ansturm von Besuchern auf die Landschaft. Schon 1844 konnte man lesen: »Die Sächsische Schweiz ist zwar jetzt in ihren Hauptpartien mehr ein großer Park als eine Wildnis, aber darum eben dem Genusse einer größeren Anzahl von Menschen erschlossen.« (Spoerschil). Theodor Schäfer, bekannter Verfasser zahlreicher Wanderbücher, sieht das 1876 doch etwas anders: »Die Schrammsteine sind entschieden die wildeste Partie des ganzen Elbsandsteingebirges. Damen ist deren Ersteigung nicht, kräftigen Herren dagegen sehr zu empfehlen … Ein kundiger Führer ist unumgänglich notwendig, wenn man sich nicht dem falschen Verlaufen in der beinahe alpinen Wildnis aussetzen will.«

1877 wurde der Gebirgsverein Sächsische Schweiz gegründet, dessen Hauptziel die touristische Erschließung der Sächsischen Schweiz war. Er hat den wesentlichsten Anteil an der Einrichtung des Wanderwegenetzes, das heute rund 1200 km umfaßt. Dieses Wegenetz hat in den letzten achtzig, neunzig Jahren kaum Veränderungen erfahren. Der Wanderer wird erfreut feststellen, daß in jüngster Zeit viele Wege und Aufstiege saniert wurden.

Durch den terrassenförmigen Aufbau der Landschaft wird der Charakter einer ganzen Reihe von Wanderwegen bestimmt. Wenn keine Einschnitte von Seitentälern zu queren sind, verläuft der Weg meist auf gleichbleibendem Niveau. Und trotzdem, oder gerade deshalb, ist die Wucht der Felsenlandschaft unmittelbar erlebbar, denn die Senkrechte dominiert. Oft führen schwindelerregende Pfade unter atemberaubenden Wänden entlang. Schnell ist das Niveau einer unter uns oder über uns liegenden Terrasse erreicht. Der rasche Wechsel von Landschaftseindrükken ist es, der jede Tour vielseitig und interessant macht.

Etwas später als die Zunft der Wanderer eroberten die Kletterer das Felsengebirge. 1864 stiegen fünf Turner auf den Falkenstein und begründeten damit den Klettersport im Elbsandsteingebirge. Bald schon erkannten weitsichtige Männer die Zerbrechlichkeit und Schutzbedürftigkeit der Felsen und empfahlen der rasch größer werdenden Klettergemeinde, den Klettersport im Elbsandsteingebirge nach festen Regeln zu betreiben.

Seit 1910 gelten diese Regeln in ihrem Grundsatz noch heute. Ihr Kerngedanke ist der freiwillige Verzicht auf die Anwendung künstlicher Hilfsmittel beim Klettern. Damit wurde eine später weltweit stark beachtete Sportethik begründet. Außerdem wurde in die sächsischen Kletterregeln der Schutz der Felsen, also der Naturschutz, einbezogen. Wie visionär das war, wird heute deutlich an der Kontroverse zwischen Naturschützern und Kletterern in Klettergebieten vieler Länder, die solche Regeln nicht kennen.

Heute zählen wir in der Sächsischen Schweiz rund 1100 Klettergipfel mit etwa 15000 Aufstiegen. Es darf nur an freistehenden Türmen geklettert werden. Bei Regen besteht Kletterverbot. Die Elbsandstein-Schwierigkeitsskala umfaßt die Grade I (sehr leicht) bis XI (extrem schwer).

Die Sächsische Schweiz gilt als eines der schönsten und bedeutendsten Klettergebiete der Welt.

Abbildung Seite 72:
Auf dem Pfad zur Idagrotte am Frienstein

Abbildung Seite 73:
Kletterer in der Nordseite des Schrammtorwächters

Atemberaubendes Elbsandsteinklettern am Jäckelfels: Lohn der Angst

Nur freistehende Türme wie der Spannagelturm dürfen bestiegen werden. An 1100 Klettergipfeln mit rund 15000 Aufstiegen aller Schwierigkeitsgrade gibt es Kletterziele für jung und alt.

Auf einem großen Netz an Wanderwegen kann man stille oder sportlich anspruchsvolle Touren, oder Wanderungen auf einsamen oder belebten Wegen unternehmen.

Von der berühmten Goldsteinaussicht bietet sich eine eindrucksvolle Überschau auf die ernste Landschaft des Großen Zschand.

Nicht alles ist jedem zugänglich. Hier, am Vorderen Torstein, ist das Reich der Bergsteiger.

Frei übernachten, gut sächsisch bofen, gehört seit jeher zum Bergsport. Einst war die legendäre Fernblickbofe beliebtes Ziel. (In den Kernzonen dürfen auch Kletterer nicht mehr nächtigen.)

Der Falkenstein mit rund 100 Aufstiegen ist der bedeutendste Klettergipfel der Sächsischen Schweiz.

Abseilen von der Brosinnadel – Bergfahrten im Sächsischen Sandstein gehören für viele zu den berauschendsten Erlebnissen der Jugend und zu den schönsten Erinnerungen des Alters.

Im Laufe eines Jahres ...

Ich muß wieder einmal nach »meinem« Baum sehen. In der Elbsandsteinlandschaft habe ich ein paar Lieblingsbäume, zu denen es mich immer wieder hintreibt – entdeckt auf endlosen Streifzügen. An ihnen verfolge ich den Gang der Zeiten. Einen, eine alte Wetterkiefer, fand ich neulich umgebrochen. Von einem Kiefernpaar stirbt die eine langsam ab. Aber meine Buche wird von Jahr zu Jahr prächtiger. Sie ist meine Uhr der Jahreszeiten.

Hoch überm Tal steht sie, an einen schützenden Felspfeiler gelehnt, immer im Gegenlicht. Deshalb ist ein Leuchten um diesen Baum, das sich mir unvergänglich eingebrannt hat.

Wenn wir das Elbsandsteingebirge im Frühling kennenlernen, werden wir einen ganz anderen Eindruck von der Landschaft bekommen als im Herbst. Natürlich, das ist keine umwerfende Neuigkeit. Und doch ist es hier etwas anders als in anderen Landschaften. Der Kontrast zwischen dem grauen Fels und dem überschäumenden, fein abgestuften Grün des Frühlings verleiht der Landschaft eine spannungsvolle Heiterkeit.

Wie anders als im Herbst, wenn zum hellen Gold der Birken das schwere Kupferrot der Buchen vor den dunkleren Felsen glüht, die sich voll Wasser gesogen haben, weil es häufiger regnete. Die Herbstnebel dämpfen das Licht, am Horizont verschmelzen Himmel und Erde. Die Landschaft wirkt weiter und ernster zugleich.

Meist ist es so nur wenige Tage, und bald fegen die Herbststürme die Bäume kahl.

Der Sommer dagegen ist bei weitem nicht so aufregend wie Frühling und Herbst. Das schwere, satte Grün in den Tälern wird höchstens einmal aufgehellt durch die leuchtenden Wedel des Waldgeißbartes. Aber ein anderes kommt hinzu, nämlich die Nebel des Elbtales, die bis in die Seitengründe hineinziehen und aus denen die Felsen herausragen. Wenn der Lilienstein wie eine Insel über dem Nebelmeer steht, dann ist die Landschaft wie in einem unbeschreiblichen Schwebezustand. Man braucht nicht zeitig aufzustehen, dies zu erleben. Aber wenn die Sonne nur ein wenig zu hoch steht, ist alles plötzlich wieder vorbei, lautlos, wie von Geisterhand beendet. Wenig später flimmern dann die Felsriffe in der trockenen Sommerhitze.

Welch völlig anderes Landschaftsbild im Winter. Kaum noch Farben. Die Felsen voller Wasser – oft hängen Kaskaden von Eiszapfen herunter – sind dunkel, fast schwarz. Sie wirken drohend und abweisend. Der Schnee aber hebt ihre Strukturen, ihre Formen überdeutlich hervor. Der Winter als Grafiker. Die Schuttkegel, aus denen die Gipfel emporragen, sind sichtbar geworden, kein Blatt verstellt den Blick. Dadurch wirken die Felsen noch steiler, höher, als sie in Wirklichkeit sind.

Der Zauber des Winters kommt vollends zur Entfaltung, wenn Felsen und Bäume mit Rauhreif überzogen sind. Schwerem Silber gleich glänzen die Bäume bis in die feinsten Verästelungen. Auch ohne Sonne ist da ein eigenartiges Leuchten über der Landschaft. Ein Leuchten in Schwarz und Weiß, in feinsten Abstufungen.

Allerdings sind im Winter die schmalen Pfade und die steilen Aufstiege besser zu meiden, denn oftmals haben sich die Felsen mit Eis überzogen. Dann kann eine Elbsandsteintour zu einem gefahrvollen Unternehmen werden.

Vorhergehende Doppelseite:
Die Birken mit ihrem zarten Grün beginnen Ende April mit dem Farbenreigen der Natur im Felsengebirge.

Das satte Grün des Sommers steht in wunderbarem Kontrast zum grauen Fels der Winterbergbarbarine.

Die Felsnadeln (Gruppe an den Herkulessäulen) des Bielatales wirken schon allein wegen ihrer abenteuerlichen Statik.

Vereinzelt stehende Buchen im Zschand leuchten im ersten Grün des Frühlings oder im Gold des Herbstes wie Kerzen aus dem Dunkel der Fichten heraus.

Folgende Doppelseite:
Im Bereich der Basaltberge des Elbsandsteingebirges stehen meist geschlossene Buchenbestände. Der herbstliche Gang über den Großen Winterberg wird zum Fest fürs Auge.

Vorhergehende Doppelseite: Winterliche Kirnitzschklamm.

Bei Schnee und Eis ist es still um die Brosinnadel geworden. Auf meinen einsamen Winterwanderungen traf ich immer wieder Unentwegte, Gleichgesinnte.

Blick zum Müllerstein: Verzauberte Felsenlandschaft; nur etwas Schnee, etwas Eis und ein wenig gedämpftes Licht – und die Landschaft hat einen völlig anderen Charakter.

Wir hoffen, Sie hatten beim Betrachten der wunderbaren und farbenfrohen Aufnahmen viel Freude. Die in diesem Band gezeigten Panoramafotos wurden mit einer Kamera aus unserem Produktionsprogramm aufgenommen. Wir, die Dresdner Kamerawerke Noble GmbH, entwickeln und bauen besonders hochwertige Geräte für das weite Feld der Panoramafotografie. Wenn Sie Interesse an der Panoramafotografie oder weiteren Produkten unseres Hauses haben, rufen Sie uns einfach an oder kommen Sie vorbei - wir dürfen Sie sehr herzlich in unserem Hause begrüßen.

Sir John H. Noble

Satz: Buch-Werkstatt GmbH, Bad Aibling
Lithographie: Repro Ludwig, Österreich
Gesamtherstellung: Interdruck, Leipzig

ISBN 3-475-52786-3